Warum sind Blätter grün?

Können Bäume weinen?

Warum haben Rosen
Dornen?

Wie kommt der Schimmel
aufs Brot?

Warum ist Rinde rau?

Sterben alle Pflanzen
bei einem Waldbrand?

Wie viele Tiere leben
in einem Baum?

Spüren Pflanzen,
wenn du sie berührst?

Warum stinkt
die Stinkmorchel?

Warum knallt
die Knallerbse?

Impressum

Band 8 der Reihe
„Was Kinder wissen wollen“
Velber Verlag
3. Auflage 2008

Illustrationen: Detlef Kersten
Coverfoto: Heidi Velten
Fotos: Ingrid Bunse (39); Frank Hecker (17); Info-Zentrum Schokolade, Leverkusen (19); Photodisc (11,15); Reinhard Tierfoto (23); Dr. F. Sauer / Frank Hecker (7, 21, 31k, 33, 39); Hartmut W. Schmidt (35); Heidi Velten (27); istockphoto.com (9, 11k, 13, 25, 29, 31g, 37, 41, 43)

Text und Redaktion: Ulrike Berger
Layoutentwurf: Christoph von Herrath
Layout: Anja Schmidt
Druck und Bindung: L.E.G.O. S.p.A., Italien

ISBN 978-3-86613-238-2

Warum knallt die Knallerbse?

Verblüffende Antworten über Pflanzen

velber

Können Pflanzen miteinander sprechen?

Einen Mund haben Pflanzen nicht, um miteinander zu reden. Dennoch warnen sich Pflanzen gegenseitig, wenn zum Beispiel Fressfeinde in der Gegend sind. Das tun sie durch eine Duftsprache, die sie mit dem Wind zu anderen Pflanzen schicken.
Eine Akazienart, die in Afrika wächst, wird gerne von Giraffen oder Antilopen gefressen. Die erste Pflanze, die angeknabbert wird, schickt einen Duft-Warnruf an andere Akazien aus. Diese produzieren dann innerhalb weniger Minuten ein starkes Gift in ihren Blättern. Wenn Tiere davon knabbern, wird ihnen sofort schlecht und sie hören mit der Knabberei auf. Die erste Akazie hat also allen anderen Pflanzen in ihrem Umkreis Bescheid gesagt!

Wie viel Papier steckt in einem Baumstamm?

Wie wird ein Baumstamm eigentlich zu Papier? Getreide muss erst zu Mehl gemahlen werden, ehe man Brot daraus backen kann. So muss auch der Holzstamm zunächst in kleinste Teilchen zerlegt werden, bevor man daraus Papier machen kann. Wie in einer riesigen Küchenmaschine werden die winzigen Holzfasern mit viel Wasser zu einem gleichmäßig flüssigen Brei vermischt. Durch ein Sieb läuft dann das Wasser ab, während sich die Fasern nebeneinander und übereinander auf dem Sieb ablagern und so ein Blatt bilden. Wie viele A4-Blätter können aus einem Baum, zum Beispiel einer Kiefer, hergestellt werden? Grob gerechnet stecken in einem Stamm ungefähr 80 500 Blätter. Ein solcher Blätterberg wäre 7,5 Meter hoch – also stecken fast drei Stockwerke Papier in einem Baumstamm.

Wo wachsen Luftballons?

Luftballons sind klasse. Kein anderes Material lässt sich so stark dehnen, ohne zu zerreißen. Luftballons bestehen nämlich aus Naturkautschuk – der Milch des Gummibaums, der heute vor allem in Malaysia und Indonesien angebaut wird. Diese Milch wird gewonnen, indem man die Baumrinde einritzt. Kleine Tonschalen hängen unter der angeritzten Stelle. Etwa eine Stunde lang fließt der milchartige Saft in kleinen Mengen aus dem Baum heraus.

Viele Jahre kann ein solcher Baum einmal in der Woche „gemolken“ werden. Der Milchsaft wird in Fabriken weiter zu Luftballons verarbeitet.

Übrigens:
Auch wenn heute viel Gummi künstlich hergestellt wird – Luftballons und Formel-1-Reifen werden immer noch aus Naturkautschuk gemacht, weil sie ganz besonders stabil sein müssen.

Wachsen Pflanzen immer nach oben?

Zum Wachsen braucht eine Pflanze nicht nur Wasser und „Kraftstoffe“ aus dem Boden, sondern vor allem Licht. Deshalb will jede Pflanze schnellstmöglich nach oben wachsen. Dorthin nämlich, wo das meiste Licht herkommt. Guckt euch die Pflanzen genauer an, die bei euch zu Hause auf der Fensterbank wachsen. Dann könnt ihr sehen, wie sie sich zum Licht strecken. Meistens haben sie nämlich auf der Seite, von der das Licht kommt, viel mehr Blätter als auf anderen. Denn die Blätter drehen sich zum Licht. Außerdem „kippen“ manche Pflanzen richtig zum Fenster hin. Sie wachsen zum Licht – in diesem Fall halt nicht nur „nach oben“, sondern auch „zur Seite“.

Ein Experiment:
Baue aus einem Schuhkarton mit Hilfe von Pappe ein ganz einfaches Labyrinth. Stelle an das hintere Ende des Labyrinths ein kleines Töpfchen mit einer gekeimten Kartoffel. An das andere Ende schneidest du eine kleine Öffnung. Stelle den Karton so ans Fenster, dass Licht in diese Öffnung fällt. Schließe den Deckel. Nach einigen Wochen wirst du entdecken: Die Kartoffel wächst durch das Labyrinth zum Licht!
Vergiss nicht, den Keimling zu gießen!

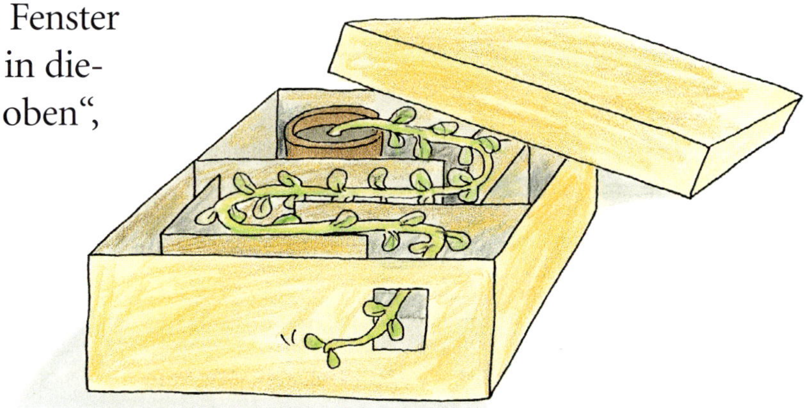

Wie viele Pflanzen sind in einer Pizza?

Eine Pizza steckt voller Pflanzen. Wenn das nicht ein gesundes Essen ist!
Zunächst ist da der Teig. Er besteht aus Weizen, also Getreide. Dieses wird mit Olivenöl gemischt, das aus den Früchten des Olivenbaums gewonnen wird. Ein Pilz, die Hefe, sorgt dafür, dass der Teig schön locker wird. Darauf kommt die Soße aus Tomaten, vielen Kräutern und Zwiebeln. Und nun folgt der Belag – was auch immer ihr an Gemüse oder Gewürzen darauf mögt. Zum Schluss wird über das Ganze Käse gestreut. Und wenn man es genau nimmt: Der Käse ist aus Milch gemacht – und diese ist letztlich aus Gras entstanden …
Pizza ist also ein rundum leckeres Gericht aus vielen gesunden Pflanzen!

Wie wehren sich Pflanzen?

Denkst du, Pflanzen können sich nicht wehren, weil sie keine Krallen haben? Da täuschst du dich aber! Verschiedene Pflanzen haben sehr wirkungsvolle Waffen entwickelt. Die Kartoffelpflanze zum Beispiel ruft mit Duftstoffen nach Hilfe, wenn sie von Kartoffelkäfern angeknabbert wird. Diesen „Ruf" riechen Raubwanzen. Sie kommen und fressen die Kartoffelkäfer mit Freuden auf. Andere Pflanzen warten nicht darauf, gerettet zu werden. Sie helfen sich selbst. Besonders gut wehrt sich die Tabakpflanze. Sie spürt genau, ob sie von einer Raupe angefressen wird. Denn sie „schmeckt" den Raupenspeichel in ihrer Wunde. Sofort wird in der Pflanze ein Gift in großen Mengen produziert: Nikotin. Nikotin ist so giftig, dass der Raupe schlecht wird und sie mit dem Fressen aufhört.

Wächst Schokolade auf Bäumen?

Um Schokolade herzustellen, braucht man Kakaobohnen. Diese Bohnen schmecken ziemlich bitter. Sie wachsen auf Bäumen in Afrika oder Südamerika.

Diese Bäume tragen Früchte, die aussehen wie kleine Rugby-Bälle. Darin versteckt sind helle Kakaobohnen – ähnlich wie die Kerne einer Melone. Damit aus ihnen köstliche Schokolade wird, werden sie geröstet. Dann landen sie in Mühlen, die das Fett, die Kakaobutter, aus den Bohnen pressen. Der Rest wird zu einem Brei verdrückt. So richtig lecker wird der Schokoladenbrei aber erst, wenn Milch, Zucker, Sahne und ein Teil der Kakaobutter dazugerührt werden.

Übrigens:
Zu den ersten Schoko-Fans gehörten die alten Maya und Azteken in Mittelamerika. Sie mischten aus gemahlenen Kakaobohnen und Wasser eine Trinkschokolade. Statt mit Zucker würzten sie ihren Trunk mit Pfeffer! Sie nannten das Getränk „Xocoatl" – das heißt „würziges Wasser". Daraus wurde später unser Wort „Schokolade".

Wie kann eine Pflanze Tiere fressen?

Weltweit existieren etwa 300 Arten von Pflanzen, die Tiere fressen. Wie machen die Pflanzen das?
Die zwei Blatthälften der Venusfliegenfalle zum Beispiel schnappen blitzschnell zusammen, wenn sie berührt werden. Das dauert nur wenige Millisekunden. Im ganzen Pflanzenreich gibt es keine schnellere Bewegung! Auf jeder Fallenhälfte sitzen drei Fühlhaare. Wenn ein Insekt eines dieser Haare berührt, schnappt die Falle zu. Dann greifen die „Zähne" am Blattrand ineinander und versperren dem Insekt den Fluchtweg. Das Beutetier wird eingequetscht. Jetzt beginnt die Verdauung so, wie sie auch in unserem eigenen Magen abläuft. Nach ein bis zwei Wochen öffnet sich die Falle wieder und Wind und Regen spülen die letzten Insektenreste weg.

Übrigens:
Insgesamt kann eine solche Falle bis zu zehnmal ausgelöst werden. Dann sterben die Blätter ab.

Warum werden Apfelschnitze braun?

Das kennst du bestimmt auch: Wenn du einen Apfel aufschneidest, dann sieht er lecker aus. Aber schon nach kurzer Zeit wird der Apfel an der Schnittstelle braun. Wieso passiert das?
Das Fruchtfleisch kommt mit dem Sauerstoff aus der Luft in Berührung. Sofort beginnt eine chemische Reaktion und das Fruchtfleisch wird braun. Das Gleiche passiert, wenn ein Apfel herunterfällt oder wenn er gequetscht wird. Dann entstehen feine Risse in der Apfelschale. Durch diese Risse kann Luft in den Apfel eindringen. Und schon beginnt die gleiche Reaktion und die Druckstelle färbt sich.

Übrigens:
Du kannst verhindern, dass die Schnittstelle braun wird. Träufle einfach etwas Zitronensaft auf die Schnittstelle. Zitronensaft legt sich wie ein Schutzmantel um die angeschnittene Stelle des Apfels und wehrt den Sauerstoff aus der Luft ab.

Machen Bäume einen Winterschlaf?

Bäume halten wirklich eine Art Winterschlaf! Sie leben den Winter über „auf Sparflamme“ und hören auch völlig auf zu wachsen. Zuerst verlieren sie ihre Blätter. Das ist wichtig. Denn die Blätter geben ständig Feuchtigkeit an die Luft ab. Weil die Wurzeln aber aus dem kalten Boden kaum Wasser aufnehmen könnten, würde ein Baum mit Blättern im Winter verdursten. Im Herbst pumpen die Wurzeln weniger Wasser in den Stamm und die Zweige. Das ist lebensnotwendig! Denn Wasser dehnt sich bei Kälte aus. Gäbe es im Winter noch viel Wasser im Stamm, dann würde das sich ausdehnende Wasser bei Frost den Stamm regelrecht zerreißen.

Übrigens:

Weil im Winter wenig Saft in den Zweigen ist, brechen diese viel leichter ab.

Warum knallt die Knallerbse?

Die Knallerbse hat ihren Namen vom Geräusch, das beim Zertreten der weißen, kugeligen Früchte entsteht. Die Beeren sind im Herbst prall mit Wasser gefüllt. Und sie haben eine sehr feste Haut. Wenn man die Beeren quetscht, platzt an einer Stelle die Haut auf und mit großem Druck schießt der Inhalt der Beere heraus – dabei gibt es einen Knall! Je reifer die Beeren sind, desto größer sind sie und desto lauter platzen sie!

Übrigens:
Weil die Beeren weiß sind und bis in den Winter am Strauch hängen, heißen sie auch „Schneebeeren".

Warum sind Blätter grün?

In grünen Blättern sitzen kleine Kraftwerke. Sie erzeugen aus Wasser, Luft und Sonnenlicht Kohlenhydrate, also Kraftnahrung für die Pflanze. Ohne Licht ist das nicht möglich. Diese Kraftwerke sind mit einer Flüssigkeit gefüllt – dem grünen Chlorophyll! Und deswegen sind Gras und Blätter grün.
Was ist mit den roten, gelben oder blauen Blütenblättern? Dort wird keine Nahrung erzeugt, also sitzen dort auch keine grünen Kraftwerke. Diese Blätter sind nur dazu da, schön auszusehen, damit sie Insekten anlocken. Sobald das geschehen ist, sterben die farbigen Blütenblätter auch ab.

Ein Experiment:
Wenn Pflanzen nicht genug Licht bekommen, wird der grüne Farbstoff abgebaut. Das kannst du ausprobieren. Decke einen Teil eines Blattes mit Alufolie ab. Und dann warte ein bis zwei Wochen. Nur dort, wo Licht hinkommt, bleibt das Blatt grün. Unter der Alufolie wird es gelb oder rötlich.

Können Bäume weinen?

Wenn ein Baum verletzt wird – zum Beispiel durch einen Axthieb – fließt eine klebrige Flüssigkeit nach außen. Sie wird „Harz“ genannt. Dieses Harz wird nach einiger Zeit fest und verklebt die Wunde. Jetzt ist die Wunde verheilt. Harzkanäle durchziehen den Baum ähnlich wie Blutbahnen den menschlichen Körper. Harz ähnelt also eher unserem Blut als der Tränenflüssigkeit. Jeder Baum hat sein eigenes, ganz typisches Harz. Den Unterschied kann man sehen, fühlen und auch riechen. Jedes Holz riecht anders – und das liegt vor allem am Harz.

Übrigens:
Ein besonderes Harz ist die Milch des Gummibaums: Kautschuk!

Warum haben Rosen Dornen?

Rosen haben spitze Dornen, damit Tiere nicht an ihnen nagen. Damit soll vor allem der untere Teil der Pflanze, der Rosenstock, geschützt werden. Denn dort treiben im Frühjahr die jungen Zweige aus. Darum sitzen dort unten auch ganz besonders lange und scharfe Dornen. So sollen Rehe und Hasen gar nicht erst auf die Idee kommen, daran zu knabbern.

Übrigens:
Eigentlich haben Rosen gar keine „Dornen", sondern „Stacheln", sagen die Wissenschaftler. Stechen tun sie trotzdem …

Wie kommt der Schimmel aufs Brot?

Schimmel ist ein Pilz. Er gehört also zur gleichen Pflanzenart wie zum Beispiel der Champignon. Die Luft um uns herum ist voll von Sporen – also von Samen verschiedener Schimmelpilze. Wenn sie irgendwo Nahrung und Feuchtigkeit finden, wachsen sie dort. Am liebsten lassen sie sich auf verfaulenden pflanzlichen oder tierischen Stoffen nieder. Auch Brot ist ein sehr beliebter „Nistplatz“. Es ist feucht, sehr nahrhaft und hat viele kleine Löcher, in denen es sich die Sporen ungestört bequem machen und zu einem bunten Schimmelpelz heranwachsen können.

Übrigens:
Schimmelsporen sind so klein, dass du sie nicht sehen kannst. Wenn du Schimmel auf Brot entdeckst, sind die Sporen wohl schon überall im Brot verteilt! Solches Brot musst du unbedingt wegwerfen.

Warum ist Rinde rau?

Wenn du eine Markierung an einem Baumstamm anbringst und zehn Jahre wartest, wird diese Markierung noch immer in genau derselben Höhe zu sehen sein. Denn der Baumstamm wächst nur an der Spitze in die Höhe. Der Stamm wächst dabei von innen nach außen in die Breite. Während er dicker wird, platzt die äußere Schicht auf und bildet eine raue Rinde. Die Rinde ist vor allem bei schnell wachsenden Bäumen wie Tannen sehr rau. Hier hat die Rinde kaum Zeit, sich zu dehnen, und platzt ganz besonders schnell.

Sterben alle Pflanzen bei einem Waldbrand?

Bei einem Waldbrand verbrennt der größte Teil der Pflanzen. Aber es gibt besondere Pflanzen, die Feuer sogar lieben. Sie brauchen ein kräftiges Feuer, um sich überhaupt vermehren zu können. Verschiedene australische Kiefern- und Eukalyptusarten zum Beispiel öffnen ihre Früchte erst bei großer Hitze. Die Samen fallen dann auf die besonders fruchtbare Asche. Hier haben die Samen beste Voraussetzungen, um schnell zu wachsen. Außerdem gibt es kaum Konkurrenz, weil ja die meisten anderen Pflanzen verbrannt sind. Die seltsamste Feuerpflanze ist der hier abgebildete australische Grasbaum. Er treibt nur direkt nach einem großen Feuer aus.

Wie viele Tiere leben in einem Baum?

Auf einem Baum leben Tausende verschiedene Insekten. Sie ernähren sich von Wurzeln, von Holz und Rinde, Knospen, Blättern, Blüten und Früchten. Meist sind sie gut versteckt und so klein, dass du sie kaum wahrnimmst. Die bekanntesten Bewohner dieser Art sind wohl die Borkenkäfer. Dazu kommen Spinnen, Milben und andere Räuber, die sich von den Insektenlarven ernähren.
Im Baumstamm nisten Höhlenbrüter wie der Specht, Käuze, Marder oder Siebenschläfer. In den Blättern haben verschiedene kleinere Vogelarten ihr Zuhause. In der Baumkrone wohnen Krähen.
Auch Eichhörnchen bauen dort ihr Nest aus belaubten Eichenzweigen. Ein Baum hat wahrscheinlich so viele Bewohner wie eine mittelgroße Stadt Einwohner hat!

Spüren Pflanzen, wenn du sie berührst?

Manche Pflanzen spüren ganz genau, wenn du sie berührst. Die Mimose zum Beispiel klappt ihre Fiederblättchen an genau dieser Stelle in Sekundenschnelle nach oben zusammen. Daher kommt auch der Ausdruck „Du bist so empfindlich wie eine Mimose".
Nach etwa 15 bis 20 Minuten hat sich die Pflanze erholt und streckt ihre Blättchen wieder aus. Nur wenige Pflanzen sind wie die Mimose zu solch erstaunlich schnellen Bewegungen fähig.

Übrigens:
Nachts legt sich die Mimose richtig schlafen: Die Fiederblättchen sind zusammengeklappt und die Blattstiele hängen schlaff nach unten.

Warum stinkt die Stinkmorchel?

Zwischen Juni und Oktober ist sie im Wald gut zu finden: die Stinkmorchel. Denn die Stellen im Wald, an denen die Stinkmorchel steht, sind an warmen Tagen stundenlang nicht zu „überriechen“!
Zwischen 5 und 7 Uhr morgens streckt dieser Pilz seinen Kopf aus dem Hexenei, wie die Knolle genannt wird. Dann wächst er so schnell, dass man dabei zugucken kann. Gegen 9 Uhr ist die Stinkmorchel bereits 15 bis 20 Zentimeter groß. Der ursprünglich graue Hut ist inzwischen olivgrün und schleimig geworden. Diese schleimige Samenmasse stinkt intensiv nach Verwesung. Ein Festmahl für Fliegen, Aaskäfer und andere Insekten! Sie alle stürzen sich auf den dunklen Schleim und fressen die Samen auf. Am Abend ist von der Samenmasse fast nichts mehr übrig.

Die Pilzsamen, die Sporen, werden von den Tieren an anderer Stelle wieder ausgeschieden. Auf diese Weise sorgt die Stinkmorchel für die Verbreitung ihrer Samen.

In der Reihe „Was Kinder wissen wollen“
sind bereits folgende Titel erschienen:

Was wäscht der Waschbär?

Verblüffende Antworten aus der Tierwelt

ISBN 978-3-86613-072-2

Woher kommen Blitz und Donner?
Verblüffende Antworten über Himmel und Erde

ISBN 978-3-86613-073-9

Warum haben wir zehn Zehen?
Verblüffende Antworten über den Körper

ISBN 978-3-86613-200-9

Wie kommen die Streifen in die Zahnpasta?
Verblüffende Antworten aus dem Alltag

ISBN 978-3-86613-201-6

Hatten Dinos Karies?

Verblüffende Antworten über die Saurier

ISBN 978-3-86613-239-9

Woher weiß der Toast, wann er fertig ist?
Verblüffende Antworten aus dem Alltag

ISBN 978-3-86613-240-5

Wie viele Höcker hat ein Kamel?
Verblüffende Antworten aus der Tierwelt

ISBN 978-3-86613-256-6

Wie spült die Klospülung?

Verblüffende Antworten über Technik

ISBN 978-3-86613-257-3

Können Schmetterlinge hören?
Verblüffende Antworten über kleine Tiere

ISBN 978-3-86613-227-6

Was spuckt ein Vulkan?

Verblüffende Antworten über Naturgewalten

ISBN 978-3-86613-228-3

Wo ist im Weltall oben und unten?
Verblüffende Antworten über den Kosmos

ISBN 978-3-86613-237-5

Warum knallt die Knallerbse?
Verblüffende Antworten über Pflanzen

ISBN 978-3-86613-238-2

Wie kommt der Ritter in die Rüstung?
Verblüffende Antworten über das Mittelalter

ISBN 978-3-86613-270-2

Wie macht die Kuh die Milch?
Verblüffende Antworten über den Bauernhof

ISBN 978-3-86613-269-6

Können Fische rülpsen?

Verblüffende Antworten über das Meer

ISBN 978-3-86613-282-5

Warum hat ein Bagger Zähne?
Verblüffende Antworten über Baustellen

ISBN 978-3-86613-283-2

Warum stinkt der Käse?

Verblüffende Antworten über Essen und Trinken

ISBN 978-3-86613-293-1

Warum tragen Indianer Federn?
Verblüffende Antworten über Indianer

ISBN 978-3-86613-294-8

Wann darf der Lokführer aufs Klo?
Verblüffende Antworten über die Bahn

ISBN 978-3-86613-524-6

Wo beginnt der Regenbogen?
Verblüffende Antworten über Himmel und Erde

ISBN 978-3-86613-507-9

Wie schnell ist die Feuerwehr?
Verblüffende Antworten über die Feuerwehr

ISBN 978-3-86613-523-9

Frieren Pinguine an den Füßen?
Verblüffende Antworten über Eis und Schnee

ISBN 978-3-86613-525-3

Wie kommt der Fisch in die Stäbchen?
Verblüffende Antworten aus dem Alltag

ISBN 978-3-86613-533-8